Yoga avec le Père Noël

Marcy Schaaf

French

Yoga with Santa

Marcy Schaaf

Le Père Noël se prépare pour sa nuit la plus chargée de l'année, mais cette fois, il essaie quelque chose de nouveau ! Avant de distribuer des cadeaux aux enfants du monde entier, le Père Noël et la Mère Noël déroulent les tapis de yoga et pratiquent quelques étirements et postures amusantes.

Des mouvements de rennes aux mouvements de cannes à sucre, le Père Noël découvre comment le yoga lui permet de se sentir plus fort, plus souple et plein d'énergie ! Rejoignez le Père Noël dans son parcours de yoga alors qu'il trouve une façon amusante de se préparer pour son aventure magique du réveillon de Noël.

Ho ho ho, coulons !

Préparez-vous à vous étirer, à rire et à ressentir l'esprit des fêtes avec Yoga avec le Père Noël !

C'est la période la plus magique de l'année et le Père Noël est occupé à préparer son grand voyage du réveillon de Noël ! Mais livrer des cadeaux partout dans le monde demande beaucoup de travail et cette année, le Père Noël veut s'assurer qu'il est prêt d'une toute nouvelle façon.

Rejoignez le Père Noël alors qu'il découvre la joie du yoga, des étirements et du mouvement pour se préparer à sa nuit la plus chargée. Avec l'aide de la Mère Noël et des elfes, le Père Noël apprend qu'un peu de souplesse, d'équilibre et de plaisir peuvent faire beaucoup, surtout lorsqu'il s'agit de répandre la joie des fêtes !

Déroulons nos tapis et faisons du yoga avec le Père Noël !

Santa was getting ready for his biggest
night of the year.

Le Père Noël se préparait pour sa plus grande soirée de l'année.

But this year, Santa felt a bit stiff from sitting all day.

Mais cette année, le Père Noël se sentait un peu raide après être resté assis toute la journée.

Mrs. Claus said "Yoga will make you feel flexible and strong again!"

La Mère Noël a dit : « Le yoga vous permettra de vous sentir à nouveau souple et fort ! »

So Santa rolled out a mat and began
with a simple stretch.

Le Père Noël a donc déroulé un tapis et a commencé par un simple étirement.

First, Santa reached his arms high, stretching toward the North Star.

Tout d'abord, le Père Noël a levé les bras
vers l'étoile du Nord.

Next, Santa bent down, touching his toes
like a candy cane.

Ensuite, le Père Noël s'est penché et a touché ses orteils comme une canne à sucre.

He then twisted his waist like a pretzel.
"Feeling looser already!"

Il tourna alors sa taille comme un bretzel.
« Je me sens déjà plus détendu ! »

Santa balanced on one leg, pretending to be a tall Christmas tree.

Le Père Noël en équilibre sur une jambe, faisant
semblant d'être un grand sapin de Noël.

"Whoa!" he said, wobbling a little, "This is harder than I thought!"

« Whoa ! » dit-il en titubant un peu, « C'est plus dur que je ne le pensais ! »

Santa did the reindeer pose, crouching low and stretching his back.

Le Père Noël a pris la pose du renne,
s'accroupissant et étirant son dos.

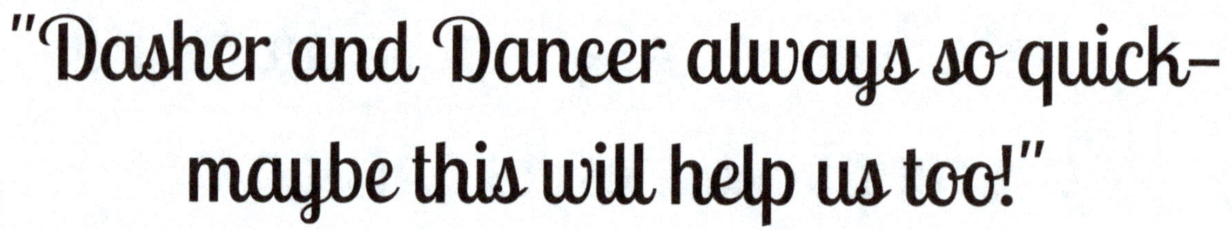
"Dasher and Dancer always so quick—
maybe this will help us too!"

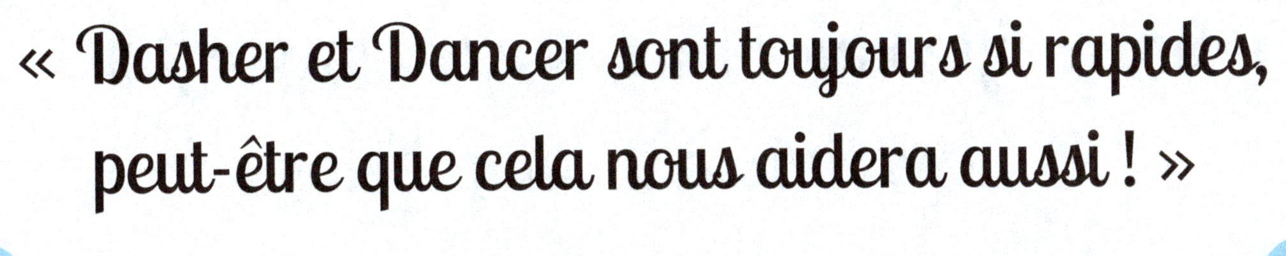
« Dasher et Dancer sont toujours si rapides,
peut-être que cela nous aidera aussi ! »

Prancer lifted his arms, pretending to fly like his sleigh in the night sky.

Prancer leva les bras, faisant semblant de voler
comme son traîneau dans le ciel nocturne.

Next was the snowman pose, where Frosty
stood tall and round.

Ensuite, c'était la pose du bonhomme de neige, où Frosty se tenait grand et rond.

"Ho ho ho!" Santa laughed.
"Look at Frosty!"

"Ho ho ho!" Le Père Noël a ri.
« Regardez Frosty ! »

"I feel great!" Santa said.
"I'm ready to take on Christmas Eve!"

« Je me sens bien ! » dit le Père Noël.
« Je suis prêt à affronter le réveillon de Noël ! »

But then, Santa tried the downward
reindeer pose and tumbled over!

Mais ensuite, le Père Noël a essayé la posture du renne vers le bas et est tombé !

"Oops!" Santa chuckled, "Guess I need more practice with that one!"

« Oups ! » gloussa le Père Noël. « Je suppose que j'ai besoin de plus de pratique avec celui-là ! »

After finishing, Santa sat in the snowflake pose, breathing in deeply.

Après avoir terminé, le Père Noël s'est assis dans la posture du flocon de neige, respirant profondément.

"Yoga makes me feel calm and strong, just what I need tonight."

« Le yoga me fait me sentir calme et forte, exactement ce dont j'ai besoin ce soir. »

Santa then hopped into his sleigh, feeling energized and flexible.

Le Père Noël a ensuite sauté dans son traîneau,
se sentant plein d'énergie et de souplesse.

The reindeer galloped through the sky,
pulling Santa and his gifts.

Les rennes galopaient dans le ciel, tirant le Père Noël et ses cadeaux.

He crouched down easily to fill stockings
and place gifts under trees.

Il s'accroupissait facilement pour remplir les
bas et placer des cadeaux sous les arbres.

Even climbing chimneys seemed easier after
his yoga practice!

Même grimper aux cheminées lui semblait plus facile après sa pratique du yoga !

"Ho ho ho!" Santa laughed. "Yoga was the perfect idea!"

« Ho ho ho ! » rigola le Père Noël. « Le yoga
était l'idée parfaite ! »

By the time Santa finished, he still had plenty of energy to spare.

Lorsque le Père Noël a
terminé, il lui restait encore
beaucoup d'énergie.

He returned to the North Pole and
stretched one more time.

Il est retourné au pôle Nord et s'est étiré une fois de plus.

"I'm glad I tried yoga," Santa said. "It made Christmas even merrier!"

« Je suis content d'avoir essayé le yoga », a déclaré le Père Noël. « Cela a rendu Noël encore plus joyeux ! »

"Next year, I'll teach the reindeer and elves yoga too!" Santa declared.

« L'année prochaine, j'enseignerai aussi le yoga
aux rennes et aux elfes ! » a déclaré le Père Noël.

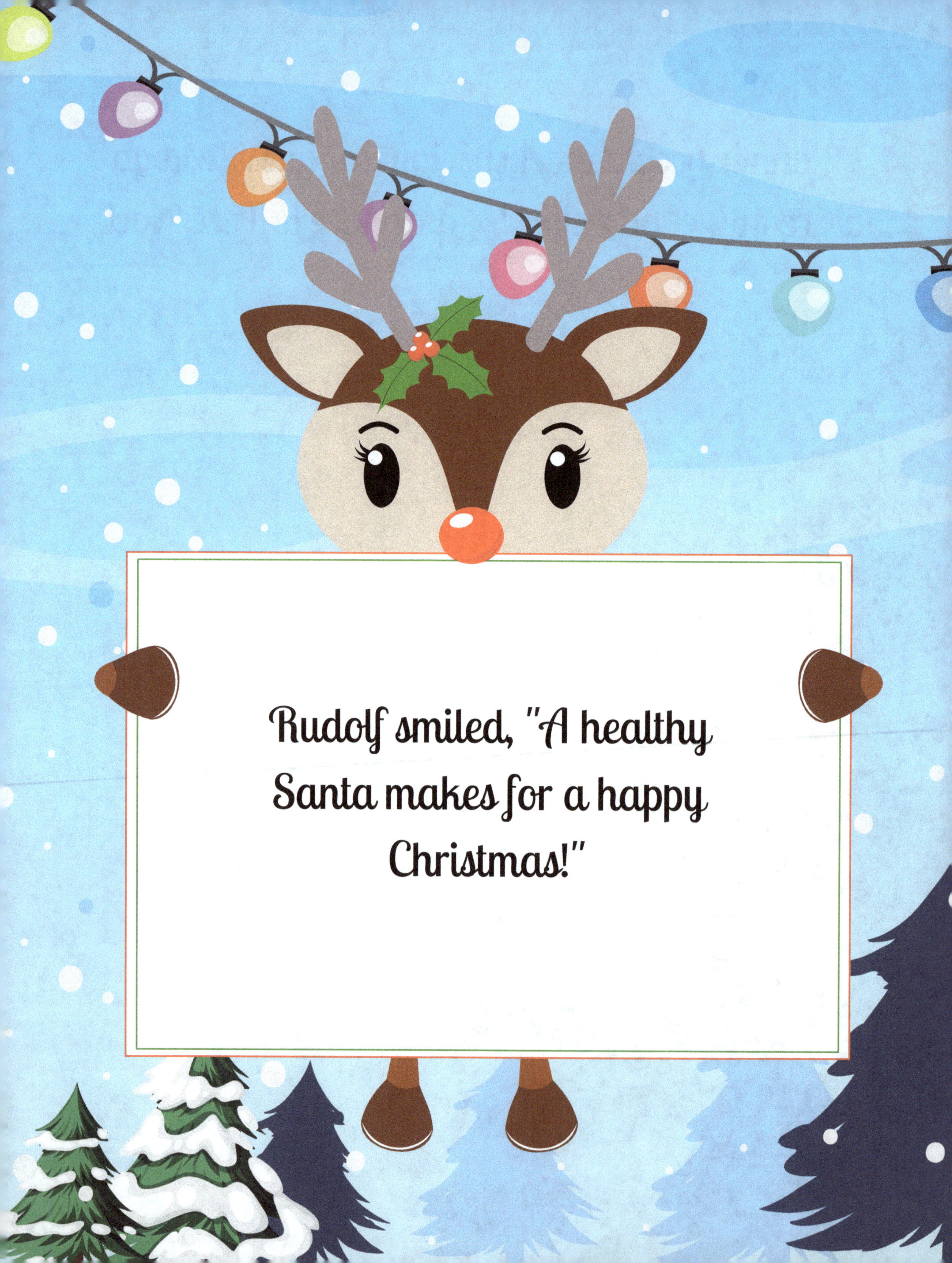Rudolf smiled, "A healthy Santa makes for a happy Christmas!"

Rudolf sourit : « Un Père
Noël en bonne santé garantit
un Noël heureux ! »

And from then on, Santa practiced yoga
every holiday season!

Et depuis lors, le Père Noël pratique le yoga à chaque période de fêtes !

The
End

La fin

Join Our Book of the Month Club!

Looking for the perfect gift that keeps on giving? Join our Book of the Month Club! For just $30 a month, or $300 if you purchase a year upfront, you or your loved ones will receive a handpicked children's book every month, straight to your doorstep.

Here's how it works:
Choose from 15 different languages to receive bilingual books that make learning fun.
Enjoy monthly shipments of our exclusive books that inspire, teach, and entertain children of all ages.
Each month's book is carefully selected to provide a new adventure, valuable lesson, and a chance to explore cultures from around the world.
It's the perfect gift for birthdays, holidays, or just because! Whether you're nurturing a young reader or encouraging language learning, our Book of the Month Club is designed to bring joy to every bookshelf.

Exclusive Bonus: As part of your membership, you'll also receive a monthly podcast about our featured book delivered straight to your email! Listen in for behind-the-scenes insights, fun facts, and tips for making storytime even more magical.

Sign up today at www.Booksbyschaaf.com and start enjoying the gift of reading all year long!

Rejoignez notre club du livre du mois !

Vous cherchez le cadeau idéal qui dure longtemps ? Rejoignez notre Club du livre du mois ! Pour seulement 30 $ par mois, ou 300 $ si vous achetez un abonnement d'un an, vous ou vos proches recevrez chaque mois un livre pour enfants soigneusement sélectionné, directement chez vous.

Voici comment cela fonctionne :
Choisissez parmi 15 langues différentes pour recevoir des livres bilingues qui rendent l'apprentissage amusant.
Profitez d'expéditions mensuelles de nos livres exclusifs qui inspirent, enseignent et divertissent les enfants de tous âges.
Chaque mois, le livre est soigneusement sélectionné pour offrir une nouvelle aventure, une leçon précieuse et une chance d'explorer des cultures du monde entier.
C'est le cadeau idéal pour les anniversaires, les fêtes ou tout simplement pour le plaisir ! Que vous souhaitiez encourager un jeune lecteur ou encourager l'apprentissage des langues, notre Club du livre du mois est conçu pour apporter de la joie à chaque bibliothèque.

Bonus exclusif : dans le cadre de votre abonnement, vous recevrez également un podcast mensuel sur notre livre vedette, envoyé directement par e-mail ! Écoutez-le pour découvrir des informations en coulisses, des faits amusants et des conseils pour rendre l'heure du conte encore plus magique.

Inscrivez-vous dès aujourd'hui sur www.Booksbyschaaf.com et commencez à profiter du cadeau de la lecture toute l'année !

Books By Schaaf

www.BookBySchaaf.com

Find us at: